TIMELESS ARCHITECTURE AND INTERIORS

YEARBOOK 2013

BETA-PLUS

TIMELESS ARCHITECTURE AND INTERIORS

YEARBOOK 2013

ARCHITECTURE & INTERIEURS INTEMPORELS

ANNUAIRE 2013

TIJDLOZE ARCHITECTUUR & INTERIEURS

JAARBOEK 2013

This fifth edition showcases ten new high end projects of leading architects and interior designers in a timeless style.
With beautiful new photographs and technical plans.

Cette cinquième édition présente dix nouvelles réalisations de grande classe d'architectes et de designers renommés dans un style intemporel.
Un tout nouveau livre de référence avec de très belles photos et des plans techniques.

Deze vijfde editie toont tien nieuwe projecten van toonaangevende architecten en interieurontwerpers in een tijdloze stijl.
Een volledig nieuw boek, vol inspirerende foto's en met technische plans.

CONTENTS   SOMMAIRE   INHOUD

CHÂTEAU CASTIGNO

A few years ago, the Belgian couple Marc and Tine Verstraete decided to bring back to life a forgotten wine château in Southern France.

Château Castigno is an exceptional place in Saint-Chinian (near Carcassonne) with a big ambition: to produce the best wine of Languedoc-Roussillon.

And the domain already seems to have succeeded: Château Castigno's top wines are served in prestigious star restaurants such as De Karmeliet, Hostellerie Le Fox, Het Gebaar, Hof ter Eycken, … and their quality and unique characteristics are recognized throughout the world.

Il y a quelques années, le couple belge, Marc en Tine Verstraete, décida de ressusciter un château oublié dans le sud de la France.

Le Château Castigno est un site exceptionnel à Saint-Chinian (près de Carcassonne) dont la grande ambition est de faire le meilleur vin du Languedoc-Roussillon.

Ambition que ce domaine parvient déjà à réaliser après quelques années : les vins haut de gamme du Château Castigno sont servis dans plusieurs prestigieux restaurants étoilés tels que De Karmeliet, Hotellerie Le Fox, Het Gebaar, Hof ter Eycken, … et sont mondialement reconnus pour leur qualité et caractère unique.

Het Belgische echtpaar Marc en Tine Verstraete besloot enkele jaren geleden om een vergeten wijnkasteel in Zuid-Frankrijk nieuw leven in te blazen.

Château Castigno is een uitzonderlijke plek in Saint-Chinian (nabij Carcassonne) met een grote ambitie: de beste wijn van de Languedoc-Roussillon te maken.

En daar lijkt het domein al na enkele jaren in te slagen: de topwijnen van Château Castigno worden geserveerd in prestigieuze sterrenrestaurants zoals De Karmeliet, Hotellerie Le Fox, Het Gebaar, Hof ter Eycken, … en worden wereldwijd erkend voor hun kwaliteit en hun unieke karakter.

www.chateaucastigno.com

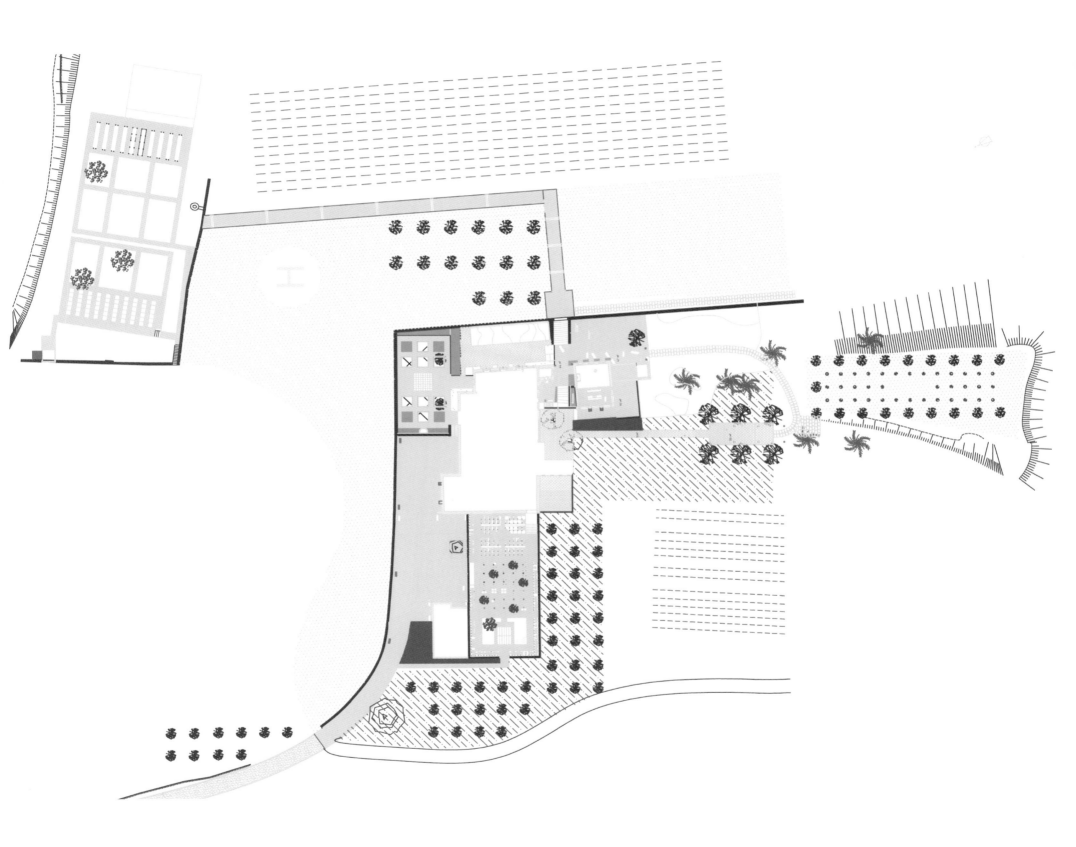

Château Castigno has a 100 ha big domain, of which 33 ha vineyards. The parcels are situated at a height of 250 to 280 meters, endowing the wines a matchless natural freshness.
All the grape varieties planted on this domain (Clairette, Roussanne, Grenache Blanc, Grenache Gris, Syrah, Grenache, Carignan, Cinsault, Cabernet and Merlot) can optimally grow in the best circumstances.

Le domaine du Château Castigno s'étend sur 100 ha, dont 33 ha sont plantés de vignobles. Les parcelles du domaine se situent à 250-280 mètres d'altitude, ce qui procure aux vins une incomparable fraîcheur naturelle.
Tous les cépages implantés (Clairette, Roussanne, Grenache Blanc, Grenache Gris, Syrah, Grenache, Carignan, Cinsault, Cabernet et Merlot) peuvent s'exprimer dans les meilleures conditions.

Het domein van Château Castigno omvat 100 ha, waarvan 33 ha met wijngaarden beplant zijn. De percelen liggen op een hoogte van 250 tot 280 meter, wat de wijnen een onnavolgbare natuurlijke frisheid schenkt.
Alle druivenrassen die hier aangeplant zijn (Clairette, Roussanne, Grenache Blanc, Grenache Gris, Syrah, Grenache, Carignan, Cinsault, Cabernet en Merlot) kunnen zich optimaal ontplooien in de beste omstandigheden.

The soil is organically treated (with the aid of the thoroughbred Princesse) and the characteristics of the vineyard are kept unaltered. Each grape variety is attended to for maximum maturing in the best circumstances.
Firstly, the grapes are manually harvested and then sorted. Only the best grapes are used for producing the wines of the domain.
Château Castigno's vineyard has a unique microclimate: between forests and rocks, between truffle oak trees and the dense Garrigue. From this wild and unspoilt nature, the vines get their concentrated aroma and their specific, rich individuality. Their character is also due to the changeable weather in the area: sometimes heavy blasts and devastating downpours, then a penetrating cold or scorching heat or a very mild and typical Mediterranean weather.
Château Castigno produces 80,000 bottles per year. The harvesting occurs in 3 triages and the grapes are exclusively handpicked with a very limited output.

Le sol est travaillé biologiquement (notamment avec l'aide de Princesse, un cheval de trait) permettant de préserver la nature du vignoble. Les soins apportés au vignoble permettent aux cépages de s'exprimer dans les meilleures conditions.
Le raisin vendangé manuellement, est trié. Seuls les meilleurs grains participent à l'élaboration des cuvées du domaine.
Le vignoble du Château Castigno vit et respire dans un microclimat très singulier : entre bois et roches, entre chênes truffiers et garrigue dense. Au sein de cette nature sauvage et préservée, la vigne puise son concentré aromatique, sa spécificité, sa richesse. Le caractère de la vigne se forme aussi grâce aux caprices du temps : la violence des vents et des pluies ravageuses est alternée par le froid mordant ou la chaleur de plomb ou encore par la sérénité méditerranéenne.
Le Château Castigno a une production annuelle de 80.000 bouteilles. La vendange se fait en 3 triages et se fait exclusivement à la main, générant des rendements très limités.

De grond is op een organische manier bewerkt (o.a. met behulp van het raspaard Princesse) en de aard van de wijngaard is altijd behouden gebleven. Elk druivenras is verzorgd om maximaal tot ontplooiing te komen in de allerbeste omstandigheden.
De druiven worden eerst manueel geoogst en dan gesorteerd. Alleen de beste druiven worden gebruikt bij de ontwikkeling van de wijnen van het domein.
De wijngaard van Château Castigno gedijt in een uniek microklimaat: tussen bossen en rotsen, tussen truffeleiken en de dichte garrigue. Uit deze wilde en ongerepte natuur halen de wijnstokken hun geconcentreerde aroma en hun specifieke, rijke eigenheid. Ze danken hun karakter ook aan het grillige weer in de streek: soms hevige windvlagen en verwoestende regenbuien, dan weer een doordringende koude of een zengende hitte, of ook nog heel zacht en typische mediterraans.
Chateau Castigno staat voor een jaarproduktie van 80.000 flessen. De pluk gebeurt in 3 triages en alle pluk gebeurt manueel, met zeer beperkte rendementen.

Marc and Tine Verstraete's philosophy of life is in perfect harmony with this unique habitat. The château was renovated according to the historical values of the twelfth to the nineteenth century. The focus of attention is on sharing and participating in a unique joy of life.

La philosophie de vie de Marc en Tine Verstraete est en parfaite harmonie avec ce lieu magique. Le château a ainsi été restauré dans l'extrême respect des valeurs historiques du XIIᵉ jusqu'au XIXᵉ siècle. Le partage occupe le premier plan : la participation à une joie de vivre unique.

De levensfilosofie van Marc en Tine Verstraete is in perfecte harmonie met deze unieke habitat. Het kasteel werd gerestaureerd volgens de historische waarden van de twaalfde tot de negentiende eeuw. Delen staat centraal: de deelname aan een unieke levensvreugde.

A unique historical construction in an exceptional setting. The Cathars, Order of Malta and Romans have left their traces in this area.
The garden was designed by Tuinen Van Schepdael.

Un édifice historique unique dans un cadre exceptionnel. Les Cathares, l'Ordre de Malte et les Romains ont laissé leurs traces.
Le jardin a été aménagé par Tuinen Van Schepdael.

Een uniek historisch bouwwerk in een uitzonderlijke setting. De Katharen, de Orde van Malta en de Romeinen hebben hier hun sporen nagelaten.
De tuin werd aangelegd door Tuinen Van Schepdael.

Production is all organic at this domain.

Tout est cultivé biologiquement.

Alles wordt hier organisch geteelt.

La Table and Le Banc, custom made by Xavier Lust in a special lacquer coat.

La Table et Le Banc, conçus sur mesure par Xavier Lust, en laque spéciale.

La Table en Le Banc, op maat ontworpen door Xavier Lust in een speciale lak.

During more than three centuries, this domain has been in the hands of one and the same family, but this historical relic had turned into a real ruin recently … until Marc and Tine Verstraete decided to make it their life's work. Tine drew up the plans for the reconstruction.
Today Château Castigno is a true Garden of Eden, miles away from civilization, in an area where savoir-vivre and passion for the métier (producing top wines) go hand in hand.

Pendant plus de trois siècles, ce domaine appartenait à une seule famille, mais au fil des dernières années, cette relique historique était transformée en ruine … jusqu'à ce que Marc et Tine Verstraete en fassent leur œuvre de vie. Tine a dessiné les plans de la restauration.
Le Château Castigno est maintenant devenu un paradis terrestre, loin du monde habité, dans un univers où l'art de vivre et la passion du métier (la culture de vins haut de gamme) se rallient.

Meer dan drie eeuwen lang bleef dit domein in de handen van één familie, maar de laatste jaren was dit historische relikwie in een echte ruïne herschapen … tot Marc en Tine Verstraete hier hun levenswerk van maakten. Tine tekende de plannen voor de heropbouw.
Vandaag is Château Castigno een aards paradijs, ver weg van de bewoonde wereld, in een omgeving waar levenskunst en een passie voor het métier (de ontwikkeling van een gamma topwijnen) hand in hand gaan.

Red, purple, rose: these colours refer to the wines produced at the domain, and they also refer to Château Castigno's corporate identity.
These colours are repeated everywhere: they also boost extra energy, a very dynamic colour palette in serene surroundings loaded with history.

Le rouge, le violet, le rose : ces couleurs réfèrent au vin cultivé dans ce domaine, ainsi qu'à l'identité graphique du Château Castigno.
La répétition de ces tons inspire l'énergie par sa palette de couleurs dynamiques dans un univers serein, chargé d'histoire.

Rood, paars, roze: deze kleuren refereren aan de wijn die hier verbouwd wordt, en ze verwijzen ook naar de corporate identity van Château Castigno.
Overal komen deze kleuren terug: ze geven ook extra energie, een heel dynamisch kleurenpalet in een serene, met geschiedenis beladen omgeving.

The television room is decorated as a chapel, with two famous works by art photographer David LaChapelle.

La salle de télévision est décorée comme une chapelle, ornée de deux grands œuvres du photographe artistique David LaChapelle.

De televisiekamer is ingericht als een kapel, met twee grote werken van kunstfotograaf David LaChapelle.

The Knights' Hall, with artefacts from the
owners' personal collection.

La salle des chevaliers, avec œuvres d'art
de la collection privée des propriétaires.

De ridderzaal, met kunstwerken uit de
collectie van de eigenaars.

The kitchen is bathing in shades of red and offers a unique view onto the Pyrenees and vineyards.
In the middle, a La Cornue stove, created in cooperation with designer Delvaux for the centenary of this famous Royal Household Purveyor of high-quality culinary pianos. The kitchen cabinets were custom made by Obumex.

Baignée de tons rouge, la cuisine offre une vue unique sur les Pyrénées et les vignobles.
Au centre une cuisinière de La Cornue, créée en collaboration avec le maroquinier Delvaux à l'occasion du centenaire de ce fournisseur de la cour renommé de pianos culinaires de qualité supérieure.
Le mobilier de cuisine est fait sur mesure par Obumex.

De keuken baadt in roodtinten en biedt een uniek zicht op de Pyreneeën en de wijngaarden.
Centraal een fornuis van La Cornue, gecreëerd in samenwerking met maroquinier Delvaux voor het eeuwfeest van deze gerenommeerde hofleverancier van hoogwaardige culinaire pianos.
De keukenkasten werden op maat gemaakt door Obumex.

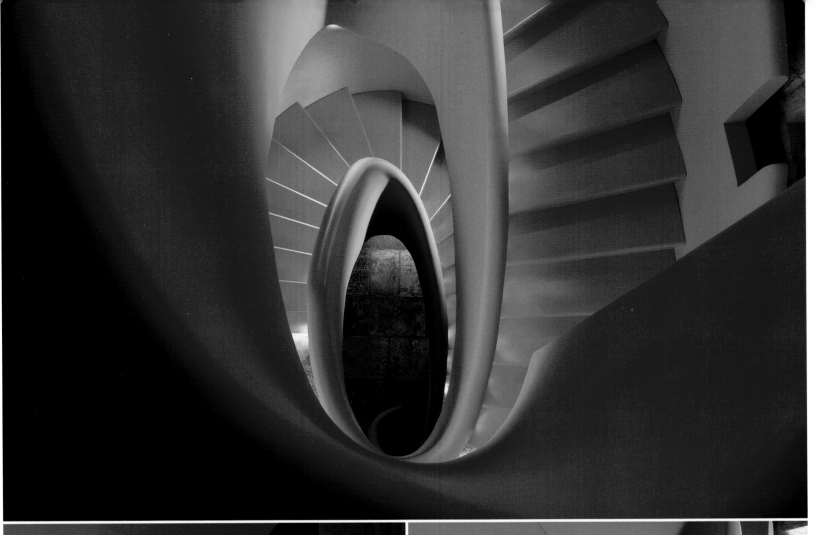

Patrick Ponseele manufactured the curtains with great skill.

Les rideaux sont confectionnés avec soin par Patrick Ponseele.

De gordijnen werden vakkundig geconfectioneerd door Patrick Ponseele.

ON THE BANKS OF THE LEIE

AUX BORDS DE LA LYS

LANGS DE OEVERS VAN DE LEIE

A meandering in the river, some beautiful old slim trees, light and shadow, water and air, a vast piece of land,… these are the ingredients for architect Bernard De Clerck to build a country house.
In the late 19th and early 20th century, many artists have settled in this area because of the idyllic staying in these inspiring surroundings.
The house looks like the elegant atelier of an artist: beautiful, large windows in wood and metal enhance this feeling. The entering light can be dimmed with large openwork sliding panels.
A new refuge at the back of the park, all painted black, is used as boat and pool house and evokes the Leie romanticism of the 19th century.

Un méandre de la rivière, quelques superbes vieux arbres élancés, le jeu d'ombre et de lumière, d'eau et d'air, l'étendue du terrain,… voilà les ingrédients avec lesquels l'architecte Bernard De Clerck a dessiné une maison de campagne.
À la fin du XIXe et au début du XXe siècle, de nombreux artistes se sont installés dans ce cadre inspirant, invitant à une vie idyllique.
Cette maison tient beaucoup d'un atelier d'artiste : de belles et grandes fenêtres en bois et en métal ajoutent une élégance. Les grands panneaux coulissants ajourés permettent d'adoucir la lumière entrante.
Une nouvelle refuge au fond du parc, entièrement peinte en noir, fait fonction de boat et pool house et évoque le romantisme de la Lys du XIXe siècle.

Een kronkel in de rivier, enkele prachtige oude ranke bomen, licht en schaduw, water en lucht, een uitgestrekte lap grond,… het zijn de ingrediënten voor architect Bernard De Clerck om een landhuis te ontwerpen.
Vele kunstenaars streken neer in deze buurt in de late 19de en de vroege 20ste eeuw, omdat het idyllisch vertoeven was in deze inspirerende omgeving.
De woning heeft veel weg van een elegant kunstenaarsatelier: mooie, grote ramen in hout en in metaal zorgen hiervoor. Het binnenkomende licht kan getemperd worden met grote, opengewerkte schuifpanelen.
Een nieuwe refuge achterin het park, helemaal zwart geverfd, doet dienst als boot- en poolhouse en evoceert de 19de-eeuwse Leie-romantiek.

www.bernarddeclerck.be

When entering you get the wooden pontoon feeling, and you can see the Leie right through the house. A wooden shutter door separates the hall from the living room.

Comme sur un ponton en bois, on entre dans cette maison qui offre un regard direct sur la Lys. Une porte à volet en bois sépare le hall de la salle de séjour.

Als op een houten ponton loop je binnen en kijk je dwars door de woning naar de Leie. Een houten shutter deurgeheel scheidt de hal van de leefruimte.

In the salon architect Bernard De Clerck decided to install big windows that slide into the wall, thus creating more contact with the park.

Dans le salon, l'architecte Bernard De Clerck a prévu de grandes fenêtres coulissant dans le mur, amplifiant ainsi le contact avec le parc.

In het salon zorgde architect Bernard De Clerck voor grote ramen die in de muur schuiven, waardoor het contact met het park vergroot.

A men's office with bay and extra top window for zenithal light.
The dining room with fireplace and passage to the kitchen.

Un bureau pour hommes avec oriel et imposte assurant une lumière zénithale.
La salle à manger avec foyer et passage vers la cuisine.

Een herenbureau met erker en extra bovenraam voor zenitale lichtinval.
De eetkamer met haard en doorgang naar de keuken.

The kitchen with work island and a spacious counter with a view onto the Leie.
Cooking recess with see-through window to the covered terrace. Granito atelier floor and bulb lighting offer a touch of "new professionalism".

La cuisine avec îlot central et plan de travail spacieux avec vue sur la Lys.
La niche de cuisine avec petite fenêtre jetant un regard sur la terrasse couverte. Le sol d'atelier en granito et l'éclairage ampoule ajoutent une touche de « modernisme pratique ».

De keuken met werkeiland en een ruim aanrecht met zicht op de Leie.
Kooknis met doorkijkraampje naar het overdekt terras. Een ateliervloer in granito en peerverlichting bieden een vleugje "nieuwe zakelijkheid".

A large atelier window in fine metal profiles for daily life on the banks of the Leie.

Une grande fenêtre d'atelier en profilés métalliques fins inspirent une vie quotidienne aux bords de la Lys.

Een groot atelierraam in fijne metaalprofielen voor dagelijks leven aan de boorden van de Leie.

Tent romance or boy scout feeling in the guest room.

Le romantisme du camping ou les sensations de boy scout dans la chambre d'hôtes.

Tent-romantiek of boy-scoutgevoel in de gastenkamer.

Bathroom with optimal incidence of light.

La salle de bains bénéficie d'un éclairage optimal.

De badkamer met optimale lichtinval.

SOBER AND MONASTIC

SOBRE ET MONACAL

SOBER EN MONACAAL

A young family from Sint-Truiden contacted Mark Mertens (am designs) for the interior design architecture, execution and decoration of their new house. They consciously chose a sober, almost monastic atmosphere. In consultation with the owners, Mark Mertens decided to limit the range of materials. They also worked out a functional but minimalistic light plan. All this resulted in a comfortable, timeless home.

Une jeune famille de Saint-Trond confia l'architecture intérieure, la réalisation et la décoration de leur nouvelle construction à Mark Mertens (am designs). Le style dépouillé, voire même monacal, fût un choix conscient. En concertation avec les propriétaires, Mark Mertens décida de limiter la palette de matériaux. Le plan d'éclairage rallie fonctionnalité au minimalisme. Le résultat : une maison confortable, intemporelle.

Een jong gezin uit Sint-Truiden contacteerde Mark Mertens (am designs) voor de interieurarchitectuur, de uitvoering en inrichting van hun nieuwbouwwoning. Er werd bewust gekozen voor een sobere, haast monacale sfeer. Mark Mertens besloot in overleg met de eigenaars de waaier van materialen te beperken. Tevens werd een functioneel maar minimalistisch lichtplan uitgewerkt. Het geheel resulteerde in een leefbare, tijdloze woning.

www.amdesigns.be

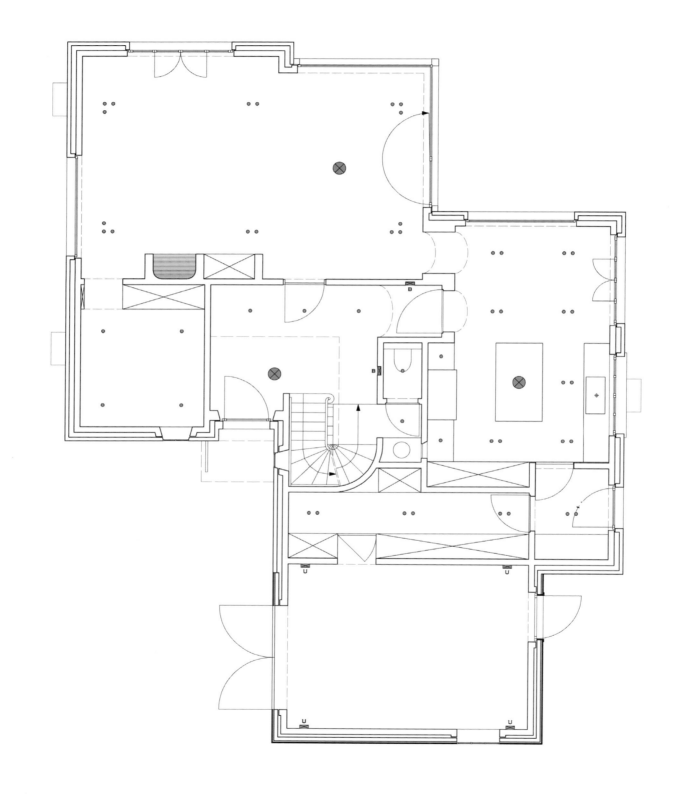

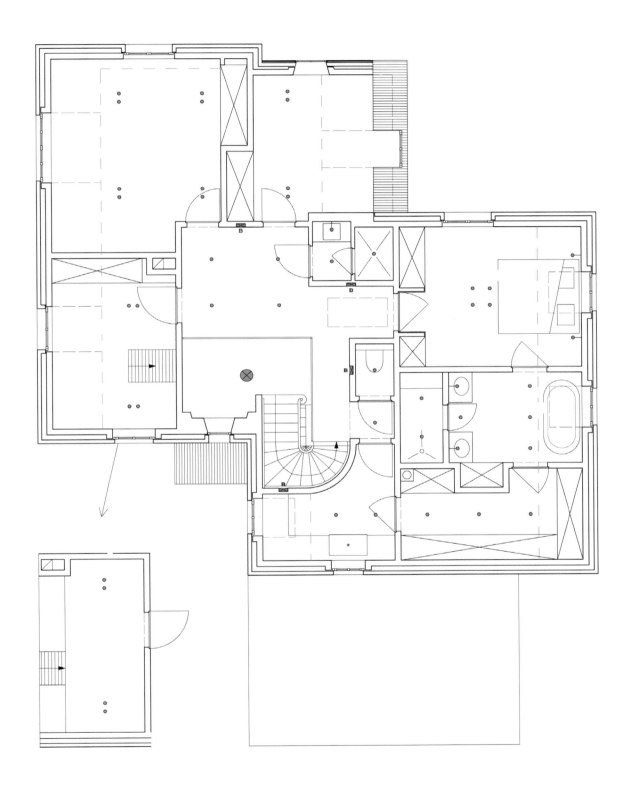

In the entrance hall, the oak stairway received a wrought iron handrail.

Dans le hall d'entrée, l'escalier en chêne avec une rampe en fer forgé.

In de inkomhal werd de eiken trap voorzien van een smeedijzeren leuning.

The living room with an oak floor. Armchairs from the am designs' actuals collection.

La salle de séjour avec plancher en chêne. Fauteuils de la collection actuals de am designs.

De leefruimte met een eiken plankenvloer. Zetels uit de actuals collectie van am designs.

Desk and TV are integrated in the oak wall. Lighting from the am designs' actuals collection.

Le bureau et la télévision sont intégrés dans la paroi en chêne. Eclairage de la collection actuals de am designs.

Bureau en tv werden geïntegreerd in de eiken wand. Verlichting uit de actuals collectie van am designs.

The open plan kitchen with aged floor in bluestone, oak panels and "Hollandse witjes" tiles, created by am designs.

La cuisine ouverte avec sol brut en pierre bleue, panneaux en chêne et dalles « Hollandse witjes », réalisée par am designs.

De woonkeuken met een doorleefde vloer in blauwe hardsteen, eiken panelen en Hollandse witjes, gerealiseerd door am designs.

Antiques and Eames chairs by am designs.

Antiquités et chaises Eames venant de am designs.

Antiques en Eames stoelen van bij am designs.

The mudroom is very minimalist but yet full of character by using old floors.

La mudroom est très minimaliste et en même temps très caractéristique par l'usage de sols anciens.

De mudroom is zeer minimalistisch maar toch karaktervol door het gebruik van oude vloeren.

The laundry with recycled terracotta tiles and white marble.

La buanderie avec dalles de récupération en terre cuite et en marbre blanc.

De laundry met recuperatie terracotta tegels en witte marmer.

The master bedroom with en-suite dressing and bathroom. Ironwork from the am designs' actuals collection.

La chambre master avec dressing et salle de bains. Armatures de la collection actuals de am designs.

De master slaapkamer annex dressing en badkamer. Beslag uit de actuals collectie van am designs.

The timeless, serene master bathroom in white marble mosaic. Taps from the am designs' actuals collection.

La salle de bains des maîtres intemporelle et sereine en mosaïque de marbre blanc. Robinetterie de la collection actuals de am designs.

De tijdloze, serene master badkamer in witte marmermozaïek. Kraanwerk uit de actuals collectie van am designs.

RESTORING A RUIN

RÉHABILITATION D'UNE RUINE

REHABILITATIE VAN EEN RUÏNE

A few years ago, the client discovered a ruin at a unique location in the Italian Marche region. He decided together with Mark Mertens from am designs to rebuild it in its authentic style, as if the house had always been there.
This holiday home with guesthouse was built according to the old ground plans, using recycled materials and ancient techniques carried out by motivated craftsmen. am designs furnished the whole interior and found the right furniture and objects to create a comfortable and serene atmosphere.

Il y a quelques années, le maître d'ouvrage découvrît une ruine dans un site unique dans la région des Marches en Italie. Avec Mark Mertens de am designs il décida de reconstruire la maison dans un style authentique, comme si elle n'avait jamais disparue. Cette maison de vacances avec chambres d'hôtes est réalisée par des artisans motivés sur la base des anciens plans à l'aide de matériaux de récupération dans le respect des anciennes techniques. L'aménagement intérieur est également conçu par am designs qui a réussi à trouver les meubles et objets permettant de créer une ambiance confortable et sereine.

De bouwheer ontdekte enkele jaren geleden in de Italiaanse Marche-regio een ruïne op een unieke locatie. Samen met Mark Mertens van am designs werd besloten om het geheel opnieuw op te trekken in authentieke stijl, alsof de woning er altijd al had gestaan.
Deze vakantiewoning met gastenverblijf werd gerealiseerd op basis van de oude grondplannen met recuperatiematerialen en volgens aloude technieken door gemotiveerde ambachtslui. am designs verzorgde ook de volledige interieurinrichting en vond de juiste meubelen en objecten om een leefbare, serene sfeer te creëren.

www.amdesigns.be

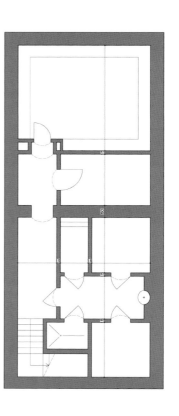

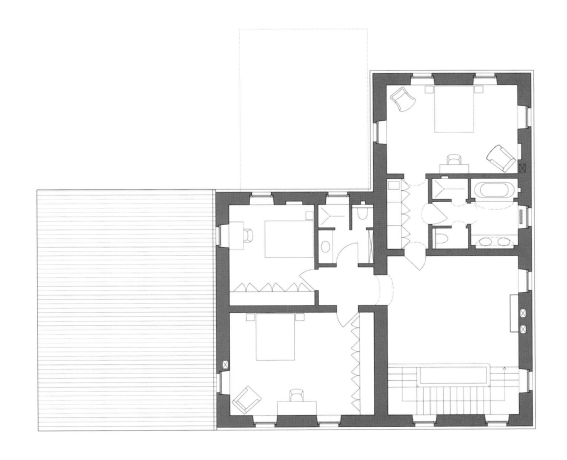

A unique location in a valley with panoramic view that stretches up to the Adriatic coast.

Situation unique dans une vallée avec vue panoramique jusqu'à la côte adriatique.

Een unieke ligging in een vallei met weids uitzicht tot aan de Adriatische kust.

The house was rebuilt according to the local architectural style, using aged recycled materials.

La maison a été construite avec des matériaux de récupération bruts dans le respect de l'architecture régionale.

De woning werd terug opgetrokken volgens de streekgebonden architectuur met doorleefde recuperatiematerialen.

The door was designed by am designs and fitted in the old frame.

La porte est conçue par am designs et est insérée dans le cadre original.

De deur werd ontworpen door am designs en ingepast in de oude omlijsting.

The guesthouse is perfectly integrated into the main building.

La chambre d'hôtes est parfaitement intégrée dans le corps du bâtiment.

Het gastenverblijf werd perfect geïntegreerd in het hoofdgebouw.

The swimming pool with a unique
view onto the idyllic landscape.

La piscine avec une vue unique sur
le paysage idyllique.

Het zwembad met een uniek
uitzicht op het idyllische landschap.

Old Italians terracotta floors were chosen both for the entrance hall and the rest of the house.

On a opté pour des anciens sols en terre cuite italienne dans le hall d'entrée, de même que dans le reste de la maison.

Zowel in inkomhal als in de rest van de woning werd geopteerd voor oude Italiaanse terracotta vloeren.

The living room with a typical fireplace, traditional plaster- and paintwork.

La salle de séjour avec cheminée typique, plâtrage et peinture artisanaux.

De woonkamer met een typische haard, artisanaal pleister- en schilderwerk.

The spacious open plan kitchen with fireplace and straight and pure furniture by am designs.

La cuisine ouverte spacieuse avec cheminée et mobilier au design dépouillé par am designs.

De ruime leefkeuken met haard en uitgepuurde meubelen door am designs.

The inner doors are designed according to the authentic model. The laying pattern of the oak floors is also created by am designs.

Les portes intérieures sont conçues selon un modèle authentique. Le motif de pose des sols en chêne est également dessiné par am designs.

De binnendeuren werden ontworpen volgens authentiek model. Het legpatroon van de eiken vloeren werd ook uitgewerkt door am designs.

The master bathroom is made in tadelakt and marble.
Towel dryer and tap from the am designs' actuals
collection.

La salle de bains master est réalisée en tadelakt et en
marbre. Sèche-serviette et robinetterie de la collection
actuals de am designs.

De master badkamer werd uitgevoerd in tadelakt en
marmer. Een handdoekdroger en kraanwerk uit de
actuals collectie van am designs.

In one of the guesthouse rooms, am designs
created a wall with alcoves with built-in beds.

Dans une des chambres d'hôtes, am designs a
créé une paroi avec alcôves accueillant les lits.

In één van de kamers van het gastenverblijf
creëerde am designs een wand met alkoven waar
de bedden werden ingebouwd.

TRANSVERSE FARMHOUSE
WHERE TECHNOLOGY
AND STYLE MEET

FERME EN FORME DE T
ALLIANT TECHNOLOGIE
ET STYLE

KRUKHUISBOERDERIJ WAAR
TECHNOLOGIE EN STIJL
ELKAAR ONTMOETEN

When the first plans for a new high-speed rail line got known in Hoogmade, it became clear that the old cheese farm dating from 1600 would have to disappear. The existing façade was sawn into pieces and rebuilt at the Open Air Museum in Arnhem. The replica of this farm was rebuilt in Hoogmade, where StyleXclusief established its company. StyleXclusief gives advice on interior styling and techniques making life more comfortable.
By using old building materials, soft lime paints, oak wood, concrete and exclusive materials, this cosy farm received a sober and stylish appearance.

Quand les premiers plans d'une ligne à grande vitesse étaient connus à Hoogmade, il devint clair que l'ancienne ferme de fromage datant de 1600 devrait disparaître. La façade originale fût coupée en morceaux et ensuite reconstruite au musée de plein air à Arnhem. La réplique de cette ferme fût reconstruite à Hoogmade et accueillît le siège de StyleXclusief. StyleXclusief offre des conseils en matière de design intérieur et de techniques qui enrichissent le confort de vie.
Grâce à l'usage d'anciens matériaux de construction, de peintures à la chaux douces, de bois de chêne, de béton et de tissus exclusifs, cette ferme stylée rayonne sobriété et élégance.

Toen in Hoogmade de eerste plannen voor een nieuwe hogesnelheidslijn bekend geraakten, werd duidelijk dat de oude kaasboerderij uit 1600 zou verdwijnen. De bestaande gevel werd in stukken gezaagd en opnieuw opgebouwd in het Openluchtmuseum in Arnhem. De replica van deze boerderij werd in Hoogmade opnieuw gebouwd waar StyleXclusief zich vestigde. StylExclusief adviseert bij de styling van het interieur en de techniek die het wonen comfortabeler maken.
Door het gebruik van oude bouwmaterialen, zachte kalkverven, eikenhout, beton en exclusieve stoffen heeft deze sfeervolle boerderij een sobere en chique uitstraling gekregen.

www.stylexclusief.nl

The old farm, dating from about 1600, was entirely rebuilt in Hoogmade, according to the traditional building methods: a part with a reed roof, another part with a tiled roof. The panels with cross against the façade remind of the farm's history as a cheese farm.

De oude boerderij, die dateert van rond 1600, werd in Hoogmade volledig opnieuw opgebouwd, op de traditionele manier: een deel met een rieten dak, een ander deel met een pannendak. De platen met een kruis tegen de gevel herinneren er nog aan dat de boerderij vroeger een kaasboerderij was.

L'ancienne ferme, qui date d'environ 1600, a été entièrement reconstruite à Hoogmade, dans le respect des méthodes de construction traditionnelles : une partie avec toit de chaume, une autre partie avec toit en tuiles. Les plaques avec croix contre la façade rappellent le passé de cet immeuble comme ferme-fromagerie.

The farm provides a view over Holland's Green Hart.
The water mills are typical for this region.

La ferme offre une vue panoramique sur le Cœur Vert
des Pays-Bas.
Les moulins hydrauliques caractérisent cette région.

De boerderij biedt uitzicht over het Groene Hart van
Nederland.
De watermolens zijn typisch voor deze streek.

The charm already expressed by this farm is emphasized by a custom-made garden design.
The old farm, dating from about 1600, was entirely rebuilt in Hoogmade, according to the traditional building methods: a part with a reed roof, another part with a tiled roof.
The panels with cross against the façade remind of the farm's history as a cheese farm.

Le charme de cette ferme est accentué par un projet de jardin fait sur mesure.
L'ancienne ferme, qui date d'environ 1600, a été entièrement reconstruite à Hoogmade, dans le respect des méthodes de construction traditionnelles : une partie avec toit de chaume, une autre partie avec toit en tuiles. Les plaques avec croix contre la façade rappellent le passé de cet immeuble comme ferme-fromagerie.

De charme van de boerderij wordt geaccentueerd door een op maat gemaakt tuinontwerp.
De oude boerderij, die dateert van rond 1600, werd in Hoogmade volledig opnieuw opgebouwd, op de traditionele manier: een deel met een rieten dak, een ander deel met een pannendak. De platen met een kruis tegen de gevel herinneren er nog aan dat de boerderij vroeger een kaasboerderij was.

The farm's stables used to be situated in the part covered with reed. Steel frames have been chosen for the windows.

Autrefois, les étables se trouvaient dans la partie avec toit de chaume. Les fenêtres sont réalisées en châssis en acier.

In het rietgedekte deel bevonden zich vroeger de stallen van de boerderij. Voor de ramen is gekozen voor stalen frames.

Exclusive spa with private swimming pool, Turkish bath and hot tub.

Le spa exclusif avec piscine privée, hammam turc et hot tub.

De exclusieve spa met privé-zwembad, Turks stoombad en een hottub.

Stepping stones in the water lead you to the wood covered whirlpool.

Des pavés placés dans l'eau vous conduisent vers le jacuzzi revêtu de bois.

Op stapstenen door het water bereikt men de met hout omklede whirlpool.

The clinker stone floor, just one centimetre thick, is what makes the entrance hall unique.

Le sol en brique cuite dans le hall d'entrée est sans pareil : il mesure seulement un centimètre d'épaisseur.

Uniek voor de inkomhal is de klinker stenen vloer, die slechts een centimeter dik is.

Old Chinese lavender chests.

Anciennes caisses de lavande chinoises.

Oude Chinese lavendelkisten.

There are no skirting-boards, thresholds or door cases, because of the authentic tile floor (only 1 cm thick).

Aussi grâce au dallage authentique (avec une épaisseur de seulement 1 cm), la maison n'a pas de plinthes, ni pas de porte, ni montants.

Mede dankzij de authentieke tegelvloer (slechts 1 cm dik), zijn nergens in huis plinten, drempels of deurlijsten.

The table is made from an old Indian door.
The living room is now situated where the cow stables used to be. This explains the number of beams and windows. StyleXclusief substituted the small windows looking onto the garden by high steel doors with large glass windows, providing a vast view over the garden and polders.

La table est réalisée d'une ancienne porte indienne.
La salle de séjour se trouve à l'endroit où jadis étaient situées les étables, expliquant la multitude de poutres et de fenêtres. StyleXclusief a remplacé les petites fenêtres du côté du jardin par des portes hautes en acier avec de grands plans vitrés, offrant une vue panoramique sur le jardin et les polders.

De tafel is gemaakt van een oude deur uit India.
De woonkamer bevindt zich nu op de plek van de voormalige koeienstallen. Dat verklaart het aantal balken en ramen. De kleine ramen aan de kant van de tuin heeft StyleXclusief vervangen door hoge stalen deuren met grote glaspartijen, die een weids uitzicht bieden over de tuin en de polders.

Thanks to the natural materials of oak and concrete, the kitchen oozes rural austerity.
The beam construction has an aged look by using lime paint.

Grâce aux matériaux naturels de chêne et de béton, la cuisine rayonne une sobriété rurale.
La construction des solives présente un aspect décrépit par l'usage de peinture de chaux.

Dankzij de natuurlijke materialen van eiken en beton straalt de keuken een landelijke soberheid uit.
De balkconstructie heeft een verweerde uitstraling door het gebruik van kalkverf.

The swimming pool and Turkish bath are
tiled with marble mosaic.
The fireplace can be operated with an iPad
and iPhone.

La piscine et le hammam turc sont revêtus
d'une mosaïque de marbre.
La cheminée peut être commandée par iPad
et par iPhone.

Het zwembad en Turks stoombad zijn
bekleed met marmermozaïek.
De open haard is via IPad en iPhone te
bedienen.

With the smart home electronics, clicking one button is enough to put the whole house to sleep. All lights go out, the thermal blanket of the pool closes and the doors are shut. The guestrooms are decorated with exclusive materials.

Grâce aux astuces de la domotique, toute la maison s'endort par un simple bouton. Toutes les lumières s'éteignent, le volet roulant de la piscine se ferme et les portes sont fermées à clé. Les chambres d'hôtes sont décorées de tissus exclusifs.

Door de slimme domotica gaat met een klik op de knop het gehele huis in slaap. Alle lichten gaan uit, het roldek van het zwembad gaat dicht en de deuren worden gesloten. De gastenkamers zijn ingericht met exclusieve stoffen.

The washbasin carved in stone comes from Bali.

Le lavabo taillé de pierre vient de Bali.

Het uit steen gehouwen wasbakje komt uit Bali.

The graceful wooden ornament can also be found in the irregular pattern of the floor tiles, creating a leitmotiv in the interior design.

Le gracieux ornement en bois est répété dans le motif de pose des dalles, ajoutant un leitmotiv à cet intérieur.

Het sierlijke houten ornament is ook terug te vinden in het wildverband van de vloertegels, waardoor er een leidmotief ontstaat in het interieur.

An old Indian bridal box.

Ancien coffre nuptial indien.

Een oude Indiase bruidskist.

The washbasin is made of concrete and the walls are coated in tadelakt.

Le lavabo est fait de béton et les murs sont revêtus de tadelakt.

De wastafel is gemaakt van beton en de muren zijn bekleed met tadelakt.

INTEGRATING ART

INTÉGRER L'ART

DE INTEGRATIE VAN KUNST

For this building, the architect firm Tersago / Dedecker has strived for a visual continuity and tension between the mutual spaces. The owners, true art lovers, wanted a maximum integration and interaction between the residents, visitors and exhibited art, without having the impression to be visiting a museum.

The homely character also creates a unique working environment. The large steel windows offer a maximum perception of what happens in and outside the building.

For this project, Tersago / Dedecker worked closely together with antiques dealer Victor Werner. Their dialogue results in art perfectly harmonizing with the prominent architecture of the house: a perfect integration.

Le bureau d'architectes Tersago / Dedecker a voulu créer la continuité et tension visuelles entre les différents espaces de cette maison. Les propriétaires, de véritables amateurs des arts, souhaitaient une intégration et interaction maximales entre les habitants, les visiteurs et l'art exposé sans pour autant verser dans une ambiance muséale.

Le caractère familial crée en même temps un univers de travail unique. Les grandes fenêtres en acier assurent une participation maximale à la vie intérieure et extérieure de cette habitation.

Tersago / Dedecker a travaillé en étroite collaboration avec l'antiquaire Victor Werner pour réaliser ce projet. Leur dialogue a permis de mettre l'art en parfaite harmonie avec l'architecture éminente de cette maison : une intégration parfaite.

Het architectenbureau Tersago / Dedecker streefde in dit pand naar een visuele continuïteit en spanning tussen de onderlinge ruimtes. De eigenaars, ware kunstliefhebbers, wensten een maximale integratie en interactie tussen de bewoners, de bezoekers en de tentoongestelde kunst, zonder in een museale sfeer te vervallen.

Het huiselijke karakter creëert ook een unieke werkomgeving. De grote stalen ramen zorgen voor een maximale beleving van het interieur- én buitengebeuren.

Tersago / Dedecker werkte voor dit project nauw samen met antiquair Victor Werner. Hun dialoog zorgt ervoor dat de kunst perfect harmonieert met de prominente architectuur van de woning: een perfecte integratie.

www.tersago-dedecker.be
www.victorwerner.be

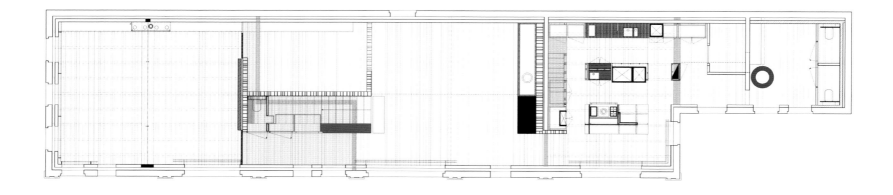

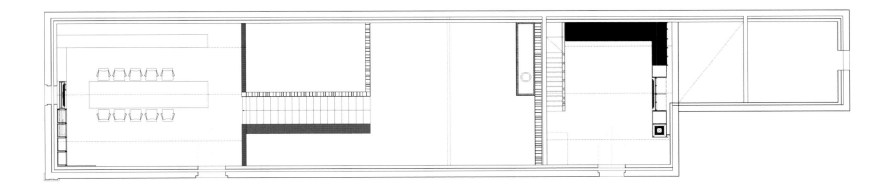

From the entry hall, the visitor immediately gets impressions from the library and meeting room on the upper floor.

Déjà dans l'espace d'entrée, le visiteur peut tout de suite capter des impressions de la bibliothèque et de la salle de réunion à l'étage supérieur.

Vanuit de inkomzone krijgt de bezoeker meteen impressies van de bibliotheek en de vergaderruimte op de bovenverdieping.

A "strolling path" goes along the total length of the house, against the outside wall bordering on the garden.
The chandelier is an object custom-made by Jan Pauwels for this room: it refers to an antique crystal chandelier.

Une « promenade » suit la façade extérieure jouxtant le jardin sur toute la longueur de la maison.
Le lustre est une réalisation de Jan Pauwels taillée à la mesure de cet espace : un lustre en cristal antique revisité.

Over de volledige lengte van de woning is tegen de buitengevel die aan de tuin grenst een «wandelpad» voorzien.
De luchter is een object door Jan Pauwels op maat gemaakt voor deze ruimte: deze verwijst naar een antieke kristallen luchter.

The reception room with the custom-made wood-burning fireplace.
The conference room with panoramic view onto the garden. The original rafters were kept here.

La salle d'accueil avec foyer au bois fait sur mesure.
La salle de réunion avec vue panoramique sur le jardin. Les chevrons originaux sont conservés.

De ontvangstruimte met de op maat gemaakte, houtgestookte haard.
De vergaderzaal met een panoramisch zicht op de tuin. De oorspronkelijke spanten werden hier behouden.

The kitchen has a working and
eating island for maximum cooking
experience.
The original vaults were kept here too.
The cupboards are made in solid
oak. The scullery has been hidden
from view, the walls are covered with
handmade zelliges.

Un îlot de travail auquel on peut
prendre le repas assure des sensations
culinaires maximales. Les voûtes
originales ont été conservées.
Les armoires sont faites en chêne
massif. L'arrière-cuisine est soustraite
aux regards, les murs sont revêtus de
zelliges formés à la main.

De keuken bestaat uit een werk-
en eeteiland voor een maximale
kookbeleving. Ook hier werden de
oorspronkelijke gewelven behouden.
De kasten zijn gerealiseerd in massieve
eiken. De bijkeuken is aan het zicht
onttrokken, de muren zijn bekleed met
handgevormde zelliges.

Floor in custom-made natural stone: as if they were wooden planks.

Sol en pierre naturelle, réalisé sur mesure : la pierre façon planches en bois.

Vloer in natuursteenmaatwerk: geplaatst alsof het houten planken zijn.

In the toilets, the old well was transformed into a washbasin. The existing walls were lime washed.

Dans les toilettes, un vieux puits est converti en lave-mains. Les murs existants ont été teintés à la chaux.

In de toiletten werd de oude waterput omgevormd tot handenwasser. De bestaande muren werden gekaleid.

The home cinema
and library with
gas fire.

Le home cinéma
et la bibliothèque
avec foyer au gaz.

De home cinema
en de bibliotheek
met gashaard.

AN OLD FARM HOUSE

UNE ANCIENNE FERME

EEN OUDE HOEVE

Architect Glenn Reynaert was asked to revalue and complete this 19th century farmhouse, which is already referred to in the 1777 Ferraris Atlas.
The interior is designed by way of tribute to eternity, with proportion, light and atmosphere as a leitmotiv. Every room has its own story.

L'architecte Glenn Reynaert s'est vu consacrer la mission de revaloriser et assurer la finition de ce corps fermier du XIXe siècle qui est déjà cité dans l'Atlas Ferraris de 1777.
L'intérieur est conçu comme un hymne à l'éternité, un chant dans lequel les proportions, la lumière et l'ambiance forment le leitmotiv. A chaque espace son histoire.

Architect Glenn Reynaert kreeg de opdracht om dit 19de-eeuws hoevecomplex, dat al in de Ferraris Atlas uit 1777 wordt vermeld, te herwaarderen en af te werken.
Het interieur is ontworpen als ode aan de eeuwigheid, waarbij verhouding, licht en sfeer de leidraad vormen. Elke ruimte heeft zijn eigen verhaal.

www.glennreynaert.be

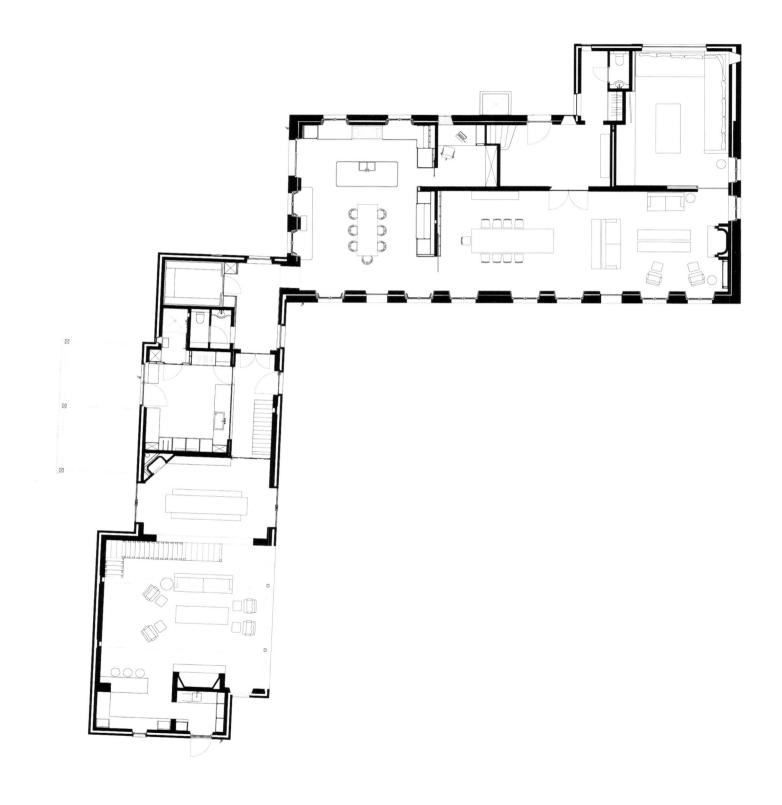

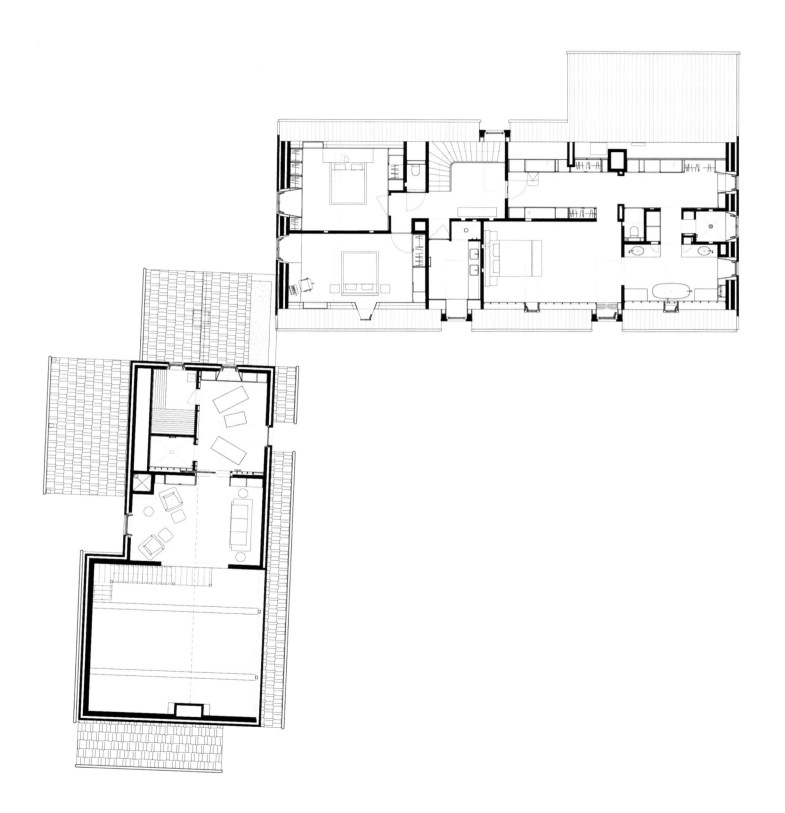

A sturdy old walnut tree is the visual connection between the old and new part. Architect Bernard De Clerck made a previous adjustment to the house.

Un vieux noyer robuste crée une liaison visuelle entre l'ancienne et la nouvelle partie de ce complexe. L'architecte Bernard De Clerck a signé pour les travaux d'adaptation antérieurs de cette maison.

Een robuuste oude notelaar verbindt visueel het oude met het nieuwe gedeelte. Een vorige aanpassing aan de woning gebeurde door architect Bernard De Clerck.

The rebuilt shed, with oak gates and wall according to ancient traditions.
The green farmyard is surrounded by the aged oaks of the shed in the background.

La grange restaurée, avec portes en bois et paroi traditionnelle.
La cour intérieure verdoyée est entourée du chêne grisâtre de la grange.

De herbouwde schuur, met eiken poorten en wand volgens aloude tradities.
De groene binnenkoer is omsloten met de vergrijsde eiken van de schuur als achtergrond.

The entry hall with custom-made furniture, with a bluestone floor.

Le hall d'entrée avec travail sur mesure et encadrement en pierre bleue.

De inkomhal met maatwerk en omkadering in blauwe hardsteen.

The walls providing the passage are covered with an oak wainscoting, in harmony with the old bluestone.

Les murs du passage sont placés dans un lambris en chêne, harmonisant avec la vieille pierre bleue.

De muren van de doorgang worden in een eiken lambrisering geplaatst, in harmonie met de oude blauwsteen.

To the right of the drawing room, a view onto the farmyard.

À droite du salon, une vue sur la cour intérieure.

Rechts van het salon een doorzicht naar de binnenkoer.

Kitchen furniture after the example of an old château kitchen in France. The lighting was designed by the architect.

Meubles de cuisine à l'exemple d'une ancienne cuisine de château en France. La lumière est conçue par l'architecte.

Keukenmeubilair naar voorbeeld van een oude kasteelkeuken in Frankrijk. De verlichting is een ontwerp van de architect.

Utility room with solid materials, with the floor reused from the old farm.

Buanderie en matériaux robustes. Le sol a été récupéré de l'ancienne ferme.

Buanderie met robuuste materialen. De vloer werd uit de oude hoeve gerecupereerd.

The wine cellar with lime-washed vault.

Le cellier avec voûte peinte à la chaux.

De wijnkelder met gekaleid gewelf.

The shower was finished with tadelakt.

La douche est finie en tadelakt.

De douche werd met tadelakt afgewerkt.

Out of respect for the old construction, the rooms were finished with a contemporary look.

Tout en respectant l'ancienne construction, l'intérieur a reçu une finition contemporaine.

Uit respect voor de oude constructie werden de ruimten hedendaags afgewerkt.

Shower with black tadelakt finish. Contemporary bathroom furniture.

Douche finie en tadelakt noir. Mobilier contemporain de salle de bains.

Douche afgewerkt in zwarte tadelakt. Hedendaags badkamermeubilair.

LESS IS MORE

Oscar V stands for quality architecture and holds the 'less is more' principle. It is a cooperation between the renowned construction and interior design company Vincent Bruggen and a collective of renowned architects.
In the new Oscar V Concept House in Bonheiden, you can experience and enjoy the architecture and the warm, timeless interior. The house was built in Canadian wood frame construction, a construction method which the company Vincent Bruggen has been an expert in for more than twenty years.
Oscar V's style is timeless and pure, with a warm, luxurious and yet discreet character, striving for noble simplicity and liveability. All designs are custom made, individual and original. Open structures, beautiful volumes and high ceilings, meeting all requirements for a contemporary comfort, characterize the Oscar V houses.

Oscar V est synonyme d'architecture de qualité et souscrit au principe de 'less is more'. Oscar V est une association de Vincent Bruggen, société de construction et de décoration intérieure renommée, et d'un collectif d'architectes réputés.
La nouvelle maison de concept d'Oscar V à Bonheiden permet de ressentir et de vivre cette architecture et la chaleur et l'intemporalité émanant de son intérieur. La maison a une construction en bois canadien. Une méthode de construction dans laquelle la société Vincent Bruggen a une expertise de plus de vingt ans.
Le style d'Oscar V est intemporel, épuré, émanant une ambiance chaleureuse et luxueuse et en même temps discrète. Dans le respect d'une simplicité noble et du confort. Tous les concepts sont faits sur mesure, offrant individualité et originalité. Les maisons d'Oscar V sont caractérisées par des structures ouvertes et de jolis volumes aux plafonds élevés, et répondent à toutes les exigences du confort contemporain.

Oscar V staat voor kwaliteitsarchitectuur en huldigt het principe 'less is more'. Het is een samenwerkingsverband tussen het gerenommeerde bouw- en interieurafwerkingsbedrijf Vincent Bruggen en een collectief van gereputeerde architecten.
In het nieuwe Oscar V concepthouse te Bonheiden kan men de architectuur en het warme en tijdloze interieur ervaren en beleven. De woning werd in Canadese houtskeletbouw opgetrokken. Een bouwmethode waar het bedrijf Vincent Bruggen gedurende meer dan twintig jaar een expertise in opbouwde.
De stijl van Oscar V is tijdloos en uitgepuurd, met een warme, luxueuze en toch discrete uitstraling. Er wordt gestreefd naar nobele eenvoud en leefbaarheid. Alle ontwerpen worden op maat gemaakt, en zijn individualistisch en origineel. De Oscar V woningen worden gekenmerkt door open structuren en mooie volumes met hoge plafonds, en beantwoorden aan alle vereisten voor een hedendaags comfort.

www.oscarv.be

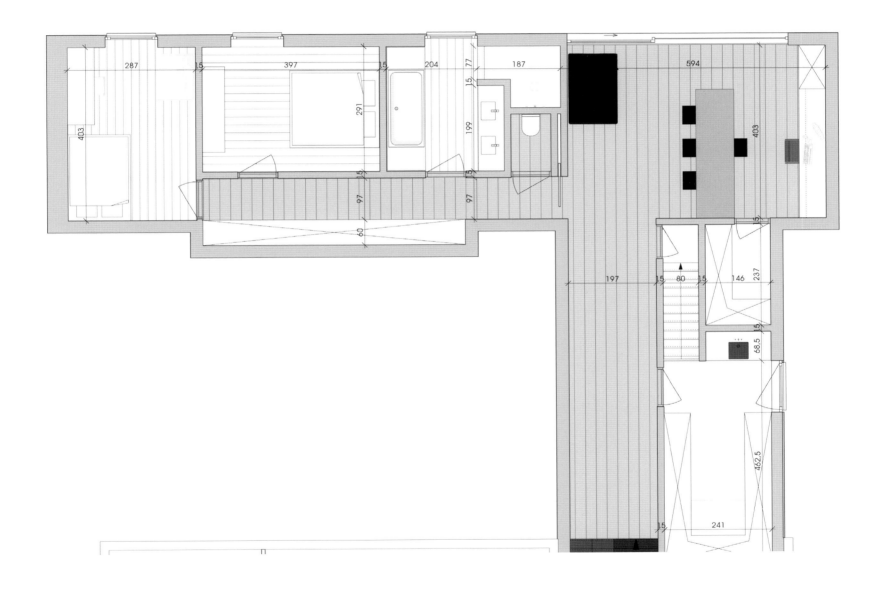

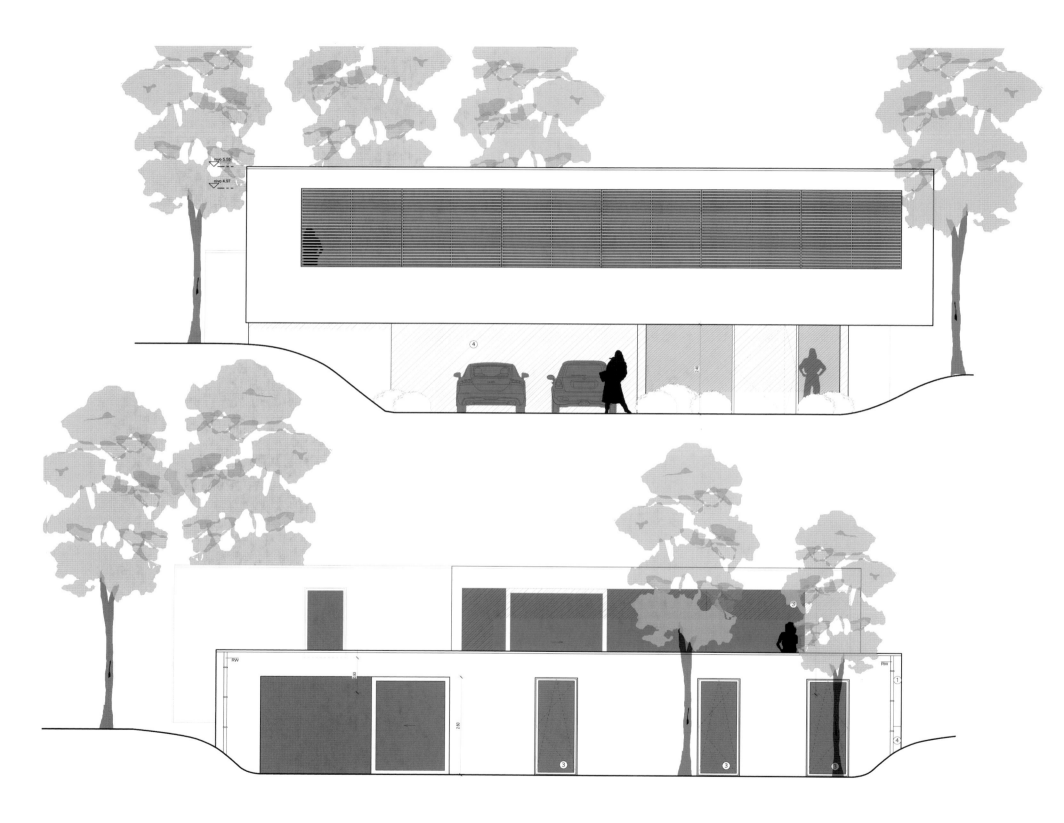

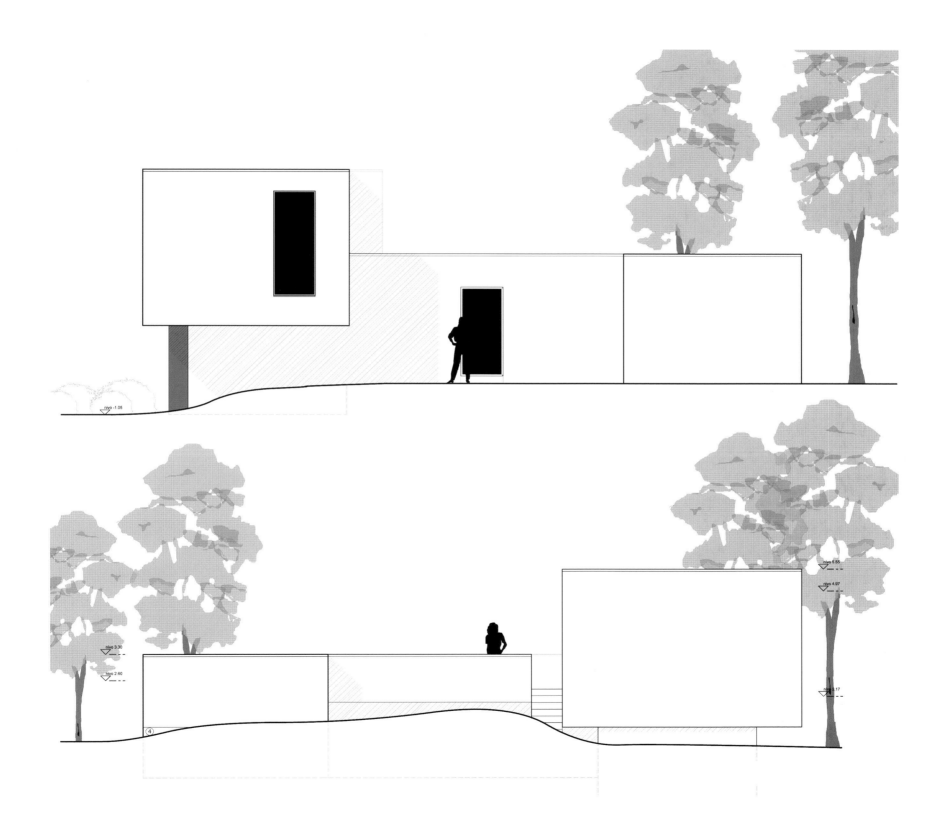

The façade materials used in this
concept house were limited to a
combination of white roughcast and
afrormosia wooden shutters.

Dans cette maison de concept, les
matériaux utilisés pour les façades se
limitent à une combinaison de crépi
blanc et de volets en bois d'afrormosia.

In dit concepthouse werden de
gevelmaterialen beperkt tot een
combinatie van witte crepi en
afrormosia houten luiken.

A simple and discreet play of lines in the rear façade.

Jeu de lignes simple et discret de la façade arrière.

Een eenvoudige en discrete belijning in de achtergevel.

Inside we find wooden wide plank flooring everywhere, a finish without skirting board with shadow joint. The high ceilings and large windows accentuate the spaciousness and offer an optimal light.
A solid pivoting front door gives the entrance hall a touch of noble beauty.
Contrasting black elements in the furniture and artefacts add accents to the white and bright entrance hall.

Partout des sols de larges planches en bois, finition sans plinthes avec joints creux. Les plafonds élevés et les grands plans vitrés accentuent le sentiment de spatialité et créent une lumière optimale.
La massive porte d'entrée pivotante apporte une touche majestueuse au hall d'entrée.
Éléments noirs du mobilier et de l'œuvre d'art formant des accents contrastant avec la blancheur et la clarté du hall d'entrée.

Binnenin overal houten vloeren met brede planken, een plintloze afwerking met schaduwvoeg. De hoge plafonds en grote raampartijen accentueren de ruimtelijkheid en bieden een optimale lichtinval.
Een massieve pivoterende voordeur verleent statigheid aan de inkomhal.
Contrasterende zwarte elementen in meubilair en het kunstwerk leggen accenten in de witte, heldere inkomhal.

A Verzelloni sofa in warm contrast with a vegetal colour carpet made from nettle and goat's wool.

Un canapé de Verzelloni en contraste agréable avec un tapis à teinture végétale fait d'orties et de laine de chèvre.

Een canapé van Verzelloni in warm contrast met een vegetaal gekleurd tapijt vervaardigd uit brandnetel en geitenwol.

A mix of antiques and ethnical objects, and contemporary design with the Muffin lamp.

Un mélange d'antiquités et d'objets ethniques, le design contemporain de la lampe Muffin.

Een mix van antieke en etnische objecten, en hedendaags design met de Muffin lamp.

The kitchen too is a personal design and made at the company's own atelier: timeless white with a composite counter top and black Vola tap. The wooden floor with wide planks has consequently been extended in the kitchen.

La cuisine est conçue par Oscar V et est réalisée dans ses propres ateliers : blanc intemporel, plan de travail en composite et robinet noir Vola. Le sol de larges planches en bois se poursuit jusque dans la cuisine.

Ook de keuken is een eigen ontwerp en in eigen atelier vervaardigd: tijdloos wit met een keukenblad in composiet en met zwarte Vola kraan. De houten vloer met brede planken wordt consequent doorgetrokken in de keuken.

The bright work space with black-white contrast but a warm oak floor.

L'atelier clair en noir et blanc contrastant avec la chaleur du sol en chêne.

De lichte werkruimte met zwart-wit contrast maar een warme eiken vloer.

Thanks to the open stairs, the sightlines are maximally kept.

L'escalier ouvert crée des perspectives maximales.

Dankzij de open trap worden de zichtlijnen maximaal behouden.

In the bedrooms wooden floors too, but lacquered in white for optimal brightness.

Sols en bois dans les chambres à coucher, laqués en blanc créant une clarté optimale.

Ook in de slaapkamers houten vloeren, maar witgelakt voor optimale lichtheid.

Bathroom with bath and open shower, discreet but functional custom-made furniture. Again the slim taps provide a black accent here.

Salle de bains avec baignoire et douche de plain-pied, mobilier fait sur mesure respirant discrétion et fonctionnalité. Répétition de l'accent noir des robinets graciles.

Badkamer met ligbad en inloopdouche, discreet maar functioneel maatmeubilair. Opnieuw vormen de ranke kranen hier een zwart accent.

HARMONY IN BLACK AND WHITE

HARMONIE EN NOIR ET BLANC

HARMONIE IN ZWART EN WIT

The MiCasa Holland show house is situated in the Alblasserwaard polder.
This polder villa was created after consultation with architect Richard Ariens (Ziggurat Architectural Design).
At the outside, the house is covered with the regionally known "gunwale wood" in black with white stucco at the front: a perfect harmony in black and white.
Just as with every MiCasa house, the combination of solid wood construction and timeless character once again results in a perfect living environment: the real MiCasa feeling.
The MiCasa Holland owner and his family live in this house.
Because the veranda is in the back, you can fully enjoy the nearby river Alblas in peace and quiet.

La maison témoin de MiCasa Pays-Bas est située dans le polder de l'Alblasserwaard.
Le concept de cette villa de polder est né après des concertations avec l'architecte Richard Ariens (Ziggurat Architectural Design).
La façade de la maison est revêtue de bois noir posé « à feuillures », typique pour la région, et de stucage blanc : une harmonie parfaite du noir et du blanc.
Comme pour chaque maison MiCasa, la combinaison d'une construction en bois massif et d'un air d'intemporalité crée un espace de vie parfait : la véritable sensation MiCasa.
Cette maison est habitée par le propriétaire de MiCasa Pays-Bas et sa famille.
La véranda située à l'arrière permet de contempler en toute sérénité la rivière Alblas située tout près.

De kijkwoning van MiCasa Nederland is gelegen in de polder van de Alblasserwaard.
Deze poldervilla ontstond in samenwerking met architect Richard Ariens (Ziggurat Architectural Design).
Aan de buitenzijde is de woning voorzien van het regionaal bekende «potdekselhout» in zwart en met wit stucwerk aan de voorzijde: een perfecte harmonie in zwart en wit.
Net zoals bij elke MiCasa woning blijkt hier hoe de combinatie van massieve houtbouw en een tijdloze uitstraling leiden tot een perfecte leefomgeving: het echte MiCasa gevoel.
Dit huis wordt bewoond door de eigenaar van Mi Casa Nederland en zijn gezin.
Door de veranda aan de achterzijde geniet men hier in volle rust van de nabijgelegen rivier De Alblas.

www.micasa.be
www.micasanederland.nl

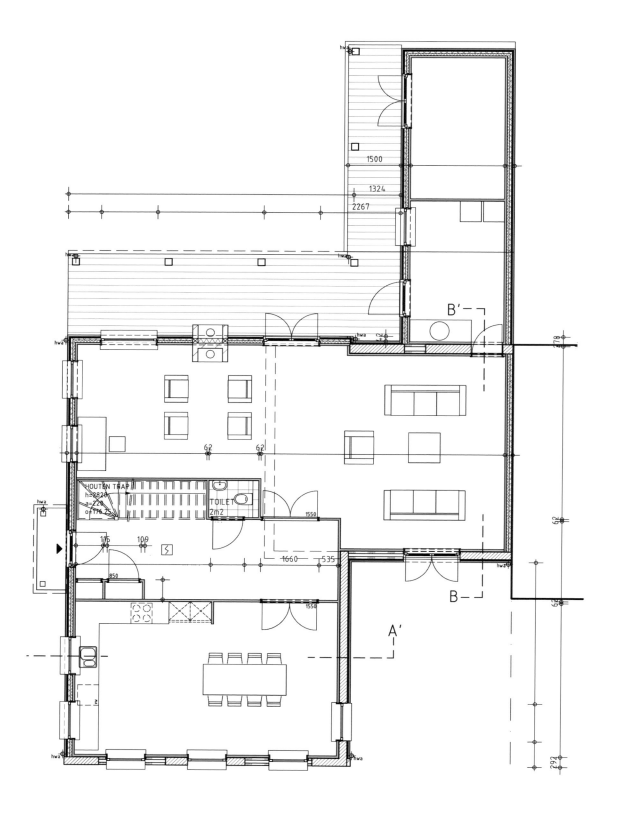

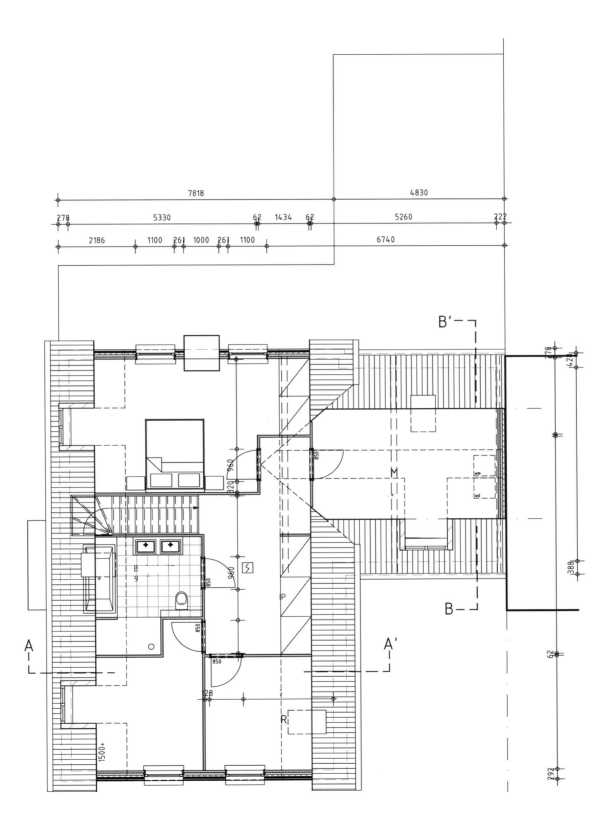

The black and white combination offers a sturdy character.
The house fits well in its natural surroundings too. The traditional windows bring a pleasant lighting, experienced by the occupants and visitors as an agreeable and comfortable living environment.

La combinaison du noir et du blanc crée un aspect robuste.
Cette maison est parfaitement intégrée dans ce décor naturel. Les fenêtres traditionnelles laissent passer une lumière agréable, accueillant les habitants et les visiteurs dans une ambiance où il est confortable à vivre.

De combinatie van zwart en wit zorgt voor een stoere uitstraling.
De woning past heel goed in haar natuurlijke omgeving. De traditionele raampartijen zorgen voor een aangename lichtinval, die door de bewoners en bezoekers wordt ervaren als een prettige en comfortabele woonsfeer.

The lighting plan, colour palette and full interior design were put together by the lady of the house: she is a professional interior designer.
Thanks to the double doors, the veranda perfectly links up in the living room, resulting in the inside and outside to make up a whole.

Le plan d'éclairage, la palette de couleurs et la totalité de la décoration intérieure sont conçus par la propriétaire, décorateur d'intérieur professionnel.
Grâce aux portes-fenêtres, la véranda s'intègre parfaitement dans la salle de séjour, alliant l'intérieur et l'extérieur en un espace unique.

Het verlichtingsplan, het kleurenpalet en de gehele binnenhuisinrichting werden door de dame des huizes samengesteld: zij is professioneel interieurontwerpster.
De veranda vloeit dankzij de openslaande deuren naadloos over in de woonkamer, waardoor binnen en buiten één geheel vormen.

An idyllic location at the river Alblas and unbridled fun in the garden.

Situation idyllique au bord de la rivière Alblas et plaisir de jeu sans retenue dans le jardin aménagé.

Een idyllische ligging aan rivier De Alblas en ongebreideld speelplezier in de aangelegde tuin.

Floors in bluestone and oak wood offer a harmonious transition in all living spaces. The architect drew large double doors with lots of glass: they bring a lot of light and offer spacious perspectives, but also privacy when needed.

Les sols en pierre de taille et en bois de chêne permettent un passage harmonieux dans tous les espaces habitables. L'architecte a dessiné de grandes portes-fenêtres avec de larges plans vitrés : elles offrent une multitude de lumière et des perspectives étendues, sans jamais oublier l'intimité.

Vloeren in hardsteen en eikenhout zorgen voor een harmonieuze overgang in alle leefruimten. De architect tekende grote openslaande deuren met veel glas: ze bieden veel licht en ruime perspectiefzichten, maar desgewenst ook de nodige privacy.

The kitchen is the hart of the house. In its busy existence, the family can come to rest to have a good time together. By creating a cooking island, MiCasa's designer gave this kitchen a modern touch. The design and realization of the kitchen were done by MiCasa's team.

La cuisine forme le cœur de la maison. La famille y retrouve la tranquillité et le plaisir de s'enfuir de leur existence active. Le concepteur de MiCasa a donné une touche moderne à cette cuisine par la création d'un îlot de cuisine. Le concept et la réalisation de la cuisine sont entièrement réalisés par l'équipe de MiCasa.

De keuken is het hart van de woning. In haar drukke bestaan vindt het gezin hier de rust om van elkaar te genieten. Door de creatie van een kookeiland gaf de ontwerpster van MiCasa deze keuken een moderne toets. Het gehele ontwerp en de realisatie van de keuken werden door het team van MiCasa uitgevoerd.

AD FRANCOS

Ad Francos, situated in the Gironde, at a ten minutes' distance from St-Emilion, rises again from its ashes and eventually regains its splendour amid the surrounding vineyards.

The new (Belgian) owners were impressed by the ruins they had come across and refurbished the unique mansion (of which traces go back to the eleventh century) in a very meticulous way: quite a feat.

These aficionados of contemporary art together with the architects quickly found a leitmotiv for the refurbishment. The goal: maximally free the rooms and façades (recent interventions) to come as close as possible to the atmosphere of the original château. The vigorous approach of the works was backed by a very thorough, rich historical study and the desire to emphasize the contemporary character of the architectural and decorative interventions.

Now, many friends, relatives and guests are welcomed in the refurbished château.

Architecture and design: Atelier d'Architecture et de design Joan Vossen-Stéphane Lebrun (www.kyoco.be). Furniture and lighting: www.quattro-bnlf.com

Situé en Gironde, à une dizaine de minutes de St-Emilion, Ad Francos renaît de ses cendres pour retrouver enfin son allure au sommet des vignes qui l'entourent.

Les nouveaux propriétaires, belges, sensibilisés par l'état de ruine de cet ensemble remarquable (dont on retrouve des traces datant du XIe siècle), ont entamé il y a une dizaine d'années maintenant, ce chantier pharaonique.

Ceux-ci, amateurs d'art contemporain, ont très vite élaboré avec les architectes une ligne directrice pour mener à bien cette restauration. Le but étant, dans la mesure du possible, de libérer les espaces et façades, des interventions récentes, afin de rendre l'atmosphère proche de ce que ce château pouvait offrir à un moment déterminé. Ce travail étant soutenu en parallèle par une étude historique très approfondie et très riche. Une volonté également dans le choix du caractère contemporain des interventions architecturales et décoratives.

L'ensemble ainsi rénové permet d'accueillir de nombreux convives, la famille des propriétaires ou des hôtes de passage.

Architecture et design: Atelier d'Architecture et de design Joan Vossen-Stéphane Lebrun (www.kyoco.be). Mobilier et éclairage : www.quattro-bnlf.com

Ad Francos, gelegen in de Gironde op een tiental minuten van St-Emilion, herrijst uit zijn as en hervindt eindelijk zijn allure temidden van de omringende wijnvelden.

De nieuwe (Belgische) eigenaars waren onder de indruk van de ruïne die ze aantroffen en ze restaureerden het unieke geheel (waarvan de sporen tot in de elfde eeuw leiden) op minutieuze wijze: een echt huzarenstuk.

Deze liefhebbers van hedendaagse kunst kwamen al heel snel met de architecten tot een leidmotief voor de restauratie. Het doel: zoveel mogelijk de ruimtes en gevels bevrijden (recente interventies) om de sfeer van het oorspronkelijke kasteel zoveel mogelijk te benaderen. De doortastende aanpak van de werken werd ondersteund door een zeer uitvoerige, rijk gestoffeerde historische studie en de wil om het hedendaagse karakter van de architecturale en decoratieve ingrepen te accentueren.

In het gerestaureerde kasteel worden nu vele vrienden, familie en gasten ontvangen.

Architectuur en design: Atelier d'Architecture et de design Joan Vossen-Stéphane Lebrun (www.kyoco.be). Meubilair en verlichting: www.quattro-bnlf.com

www.chateau-adfrancos.com

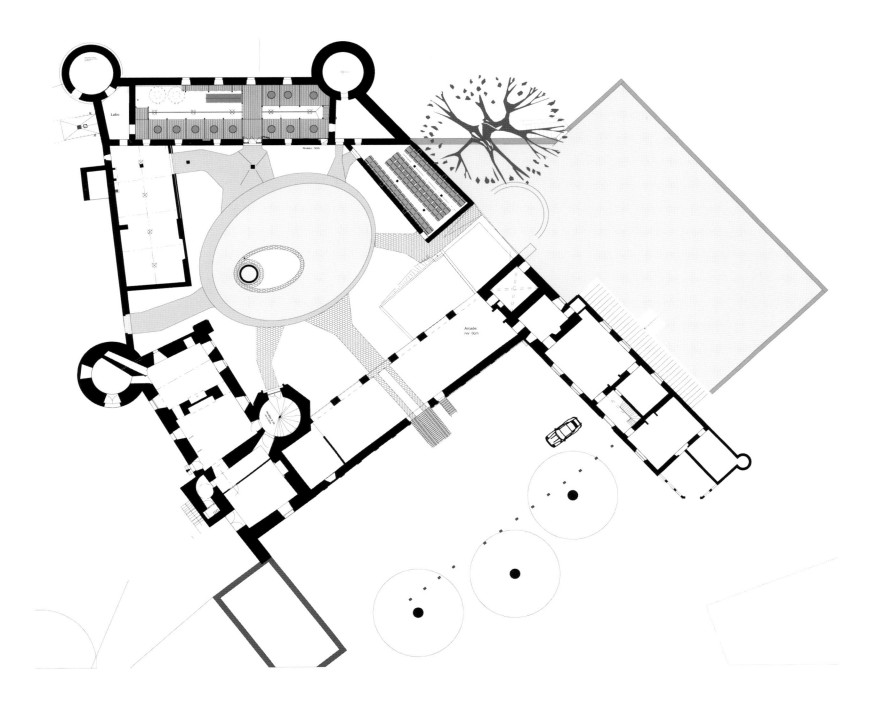

The west wall (left page) and entry hall of the main entrance of Château Ad Francos. The door is situated where the drawbridge used to be. Doors in Corten steal, made in the style of the château's blazon.

La façade Ouest (page de gauche) et le porche de l'entrée principale du Château Ad Francos. La porte est située à l'emplacement de l'ancien pont-levis. Portes en acier Corten, réalisées de façon à retrouver le blason stylisé du lieu.

De westelijke gevel (linkerpagina) en het inkomportaal van de hoofdingang van Château Ad Francos. De deur bevindt zich op de plaats van de vroegere ophaalbrug. Deuren in Cortenstaal, uitgevoerd in de stijl van het blazoen van het kasteel.

The château's forecourt or "cour d'honneur".

La cour d'honneur.

Top left: the north wall in the tracks of the old church. The arch and Roman arches are revaluated thanks to the structure in wood and glass.
Above: partial view of the castle's inside yard.
Left: View onto inside yard with well and buildings surrounding the wine cellar.

En haut à gauche : la façade Nord de la cour intérieure, à l'avant-plan, la tour de l'ancienne église, reliée au donjon au XVIIᵉ siècle par les arcades. L'arc et les colonnes romanes sont mis en valeur par la structure en bois et verre.
Ci-dessus : vue partielle de la cour intérieure.
Ci-contre : vue de la cour intérieure avec le puits et les bâtiments renfermant les chais. Chai à bouteilles bardés de mélèze, type hangar à tabac.

Linksboven de noordgevel in de sporen van de oude kerk. De boog en de Romaanse bogen worden dankzij de structuur in hout en glas geherwaardeerd.
Hierboven: een gedeeltelijk zicht van de binnenkoer.
Hiernaast: zicht op de binnenkoer met de put en de gebouwen die de wijnkelder insluiten.

The arches were made open, just like in the twelfth century.
Beneath these arches: two cedar wood tables designed by Stéphane Lebrun. Jasper Morrison chairs for Magis. Voido sofas (design Ron Arad for Magis).

Les arcades sont réouvertes tel qu'à l'origine, datant du XVIIe siècle.
Sous les arcades, deux tables réalisées en cèdre, dessinées par Stéphane Lebrun. Chaises Jasper Morrison pour Magis. Fauteuils Voido (design Ron Arad pour Magis).

De bogen werden open gemaakt zoals in de twaalfde eeuw.
Onder deze bogen: twee tafels in cederhout getekend door Stéphane Lebrun.
Jasper Morrison stoelen voor Magis. Fauteuils Voido (ontwerp Ron Arad voor Magis).

The west wall. This part is reserved for guests. The loungers at the swimming pool were designed by the Bouroullec brothers for Magis.

La façade Ouest. Cette partie est réservée aux hôtes. Les chaises longues à la piscine sont créées par les frères Bouroullec pour Magis.

De westgevel. Dit deel is voorbehouden voor gasten. De loungers aan het zwembad werden ontworpen door de gebroeders Bouroullec voor Magis.

The east wall with large terrace and loungers by Christophe Gevers for QB.

La façade Est avec sa grande terrasse et des chaises longues de Christophe Gevers pour QB.

De oostelijke gevel met het grote terras en loungers van Christophe Gevers voor QB.

The salon in the 14th/15th century wing. A table in solid oak, designed by Stéphane Lebrun for QB. Hallo Chair aluminium chairs (Magis). Hanging lights by Henriette Michaux for Axis 71.

Le séjour est situé dans l'aile du XIVᵉ/XVᵉ siècle. Une table en chêne massif dessinée par Stéphane Lebrun pour QB. Chaises en aluminium Hallo Chair (Magis). Suspensions d'Henriette Michaux pour Axis 71.

Het salon in de 14de/15de-eeuwse vleugel. Een tafel in massieve eiken, getekend door Stéphane Lebrun voor QB. Aluminium stoelen Hallo Chair (Magis). Hanglampen van Henriette Michaux voor Axis 71.

The kitchen at the wing, dating from the 14th/15th century. A custom-made central island, with a concrete counter top and on a metal structure with rough oak front panels. Terracotta cow head by Lionel Vinche, hanging light by Michele De Lucchi and Bombo stools by Magis in polished aluminium.

La cuisine dans l'aile du XIVᵉ/XVᵉ siècle. Un îlot central réalisé sur mesure avec un plan de travail en béton, posé sur une structure métallique et avec son face en chêne brut. Tête de vache en terre cuite de Lionel Vinche, suspension de Michele De Lucchi et tabourets Bombo de Magis en aluminium poli.

De keuken in de vleugel die dateert uit de veertiende/vijftiende eeuw. Een centraal eiland, op maat gemaakt, met een werkblad gegoten in beton en geplaatst op een metalen structuur met fronten in ruwe eiken.
Kop van een koe in terracotta door Lionel Vinche, hanglamp van Michele De Lucchi en Bombo tabourets van Magis in gepolijste aluminium.

Summit of this adventure: the wine cellar situated in one of the oldest parts of the château. This cellar is actually carved in the rock at three levels. The contemporary character of this site, associated with the skills of one of the very best oenologists, Michel Rolland,whose family lived in the castle, results in Ad Francos tying in again with the past.

Point d'orgue de cette aventure, l'installation d'un chai dans l'une des plus anciennes parties du château. Celui-ci est véritablement taillé dans la roche sur trois niveaux, son image résolument contemporain associée à l'un des meilleurs oenologues, Michel Rolland, dont la famille est originaire du château, permet à Ad Francos de renouer avec son histoire.

Orgelpunt van dit avontuur: de installatie van een wijnkelder in één van de oudste delen van het kasteel. Deze kelder is werkelijk in de rots gehouwen op drie niveaus. Het hedendaagse karakter van deze plek, geassocieerd met één van de allerbeste oenologen, Michel Rolland, wiens familie afkomstig is uit het kasteel, zorgt ervoor dat Ad Francos opnieuw met het verleden aanknoopt.

The large salon in the 18th century wing.
Wenge coffee table designed by Christophe Gevers for QB on a carpet by Michele De Lucchie. Triptych by Jean-Luc Parent and a painting by Robert Courtright.

Le grand salon de l'aile XVIIIᵉ. Une table de salon en wengé de Christophe Gevers pour QB sur un tapis de Michele De Lucchi. Triptyque de Jean-Luc Parent et peinture de Robert Courtright.

Het grote salon in de 18de-eeuwse vleugel.
Een salontafel in wengé onderworpen door Christophe Gevers voor QB op een tapijt van Michele De Lucchi. Triptiek van Jean-Luc Parent en een schilderij van Robert Courtright.

The living room in the old tower of the Roman church. Here a new opening was created, following the discovery of a Roman arch that until then was hidden behind a blind wall.
The paintwork is from Roman origin. Oscar Tusquets furniture.

Le salon installé dans l'ancienne tour de l'église romane. Une nouvelle ouverture a été créée après la découverte de l'arc roman auparavant noyé dans un mur aveugle.
Peinture d'origine romane. Mobilier Oscar Tusquets.

De woonkamer in de oude toren van de Romaanse kerk. Hier werd een nieuwe opening gecreëerd na de ontdekking van een Romaanse boog die vroeger schuil ging achter een blinde muur.
Het schilderwerk is van Romaanse oorsprong. Meubilair Oscar Tusquets.

The large salon above the arches is a fully restored room where events can be organized: concerts, exhibitions, …
A painting by Lucie Pardon.

La grande salle au-dessus des arcades est un espace entièrement restauré permettant aujourd'hui divers événements : concerts, expositions,… Un tableau de Lucie Pardon.

De grote zaal boven de bogen is een volledig gerestaureerde ruimte die toelaat om er vele evenementen te organiseren: concerten, tentoonstellingen, …
Een schilderij van Lucie Pardon.

A bathroom on the first floor of the 14th-15th century wing, with a glass structure in oak.

Une salle de bains au premier étage de l'aile XIVᵉ / XVᵉ avec sa structure vitrée en chêne.

Een badkamer op de eerste verdieping van de 14e- / 15de-eeuwse vleugel, met een glazen structuur in eiken.

Rooms of the cylinder-shaped tower and sleeping place in the 14th-15th century wing. Axis 71 night lights.

Les chambres de la tour cylindrique et le dortoir de l'aile XIVᵉ / XVᵉ. Des lampes de chevet Axis 71.

De kamers van de cilindervormige toren en de slaapplaats in de 14de - / 15de-eeuwse vleugel. Nachtlampen Axis 71.

REFERENCES

RÉFÉRENCES

REFERENTIES

PUBLISHER
BETA-PLUS publishing
www.betaplus.com

PHOTOGRAPHER
Jo Pauwels
Jean-Luc Laloux (p. 304-331)

DESIGN
Polydem - Nathalie Binart

TRANSLATIONS
VBVG

ISBN 13:
English version: 978-90-8944-133-1
Version française: 978-2-87550-014-4
Nederlandstalige versie: 978-90-8944-132-4

© 2012, BETA-PLUS.